Gute Geschichten bessern die Welt.

Sonja Mikeska

MAGISCH LEBEN

story.one – Life is a story

1. Auflage 2023
© Sonja Mikeska

Herstellung, Gestaltung und Konzeption:
Verlag story.one publishing - www.story.one
Eine Marke der Storylution GmbH

Alle Rechte vorbehalten, insbesondere das des öffentlichen Vortrags, der Übertragung durch Rundfunk und Fernsehen sowie Übersetzung, auch einzelner Teile. Kein Teil des Werkes darf in irgendeiner Form (durch Fotografie, Mikrofilm oder andere Verfahren) ohne schriftliche Genehmigung des Copyright-Inhabers reproduziert oder unter Verwendung elektronischer Systeme verarbeitet, vervielfältigt oder verbreitet werden. Sämtliche Angaben in diesem Werk erfolgen trotz sorgfältiger Bearbeitung ohne Gewähr. Eine Haftung der Autoren bzw. Herausgeber und des Verlages ist ausgeschlossen.

Gesetzt aus Crimson Text und Lato.
© Fotos: Eigene Bilder

Printed in the European Union.

ISBN: 978-3-7108-2241-4

Wunder wohnen am Wegesrand.

INHALT

Being a winner	9
Queen for a day	13
Hugging my dentist	17
Das Glück zu Füßen	21
Magischer Flow mit Nena	25
Kein Zufall	29
Letting go	33
Botschaft für dich	37
Im Zauberwald	41
Firsty-Erlebnis auf der Waldbühne	45
Von guten Mächten wunderbar geborgen	49
Quarantäne als Tor zur Freiheit	53
This is your Captain speaking	57

Being a winner

Saarbrücken, 2013

Das Glück kommt zu denen, die an sich selbst glauben.

Dies durfte ich erleben, als ich vor einigen Jahren ganz unverhofft den ersten Preis bei einem Foto-Wettbewerb in meinem geliebten Viertel in Saarbrücken, dem „Nauwieser" Viertel, gewann. Es war das allererste Mal, dass ich überhaupt bei einem Fotowettbewerb teilnahm und dies eher „zufällig". Als ich die Ankündigung an der Tür meiner Stamm-Bäckerei las, zog ich sonntagmorgens spontan mit meiner Kamera los und sammelte Schnappschüsse. Ich musste gar nicht überlegen, was ich ablichten wollte, es zog mich magisch in die verschiedensten, buntesten Ecken und Winkel des Viertels, dessen Graffitibemalte Wände mir als Street Art in Herz und Auge sprangen. Ich spürte schon beim Fotografieren das lebendige Lebensgefühl, das mir dieses bunte und verrückte Viertel in einer Zeit meines Lebens bot, in der ich es am meisten brauchte und mich hier so richtig authentisch fühlen konnte. Und diese Vibes waren es wohl, die den Betrachtern entgegen schwappten, woraufhin sie in ihrer Feel good & happy – Laune mein Bild auf den ersten Platz wählten.

Ich war völlig baff! Ich hatte gewonnen?!? Wo ich noch nie im Leben einen Fotografie-Kurs besucht hatte? Zunächst erschien mir das unerklärlich, doch dann erinnerte ich mich, dass ich auch als Kind schon öfters ein Glückspilz-Dasein führte und sämtliche Preisausschreiben und Verlosungen gewann. Als Kind war das für mich selbstverständlich: mit freudvoller, leichter und spielerischer Energie war ich einfach überzeugt davon, dass ich gewinnen würde. Ich glaubte immer ganz fest an meinen Gewinn und - zack - flatterten CDs, Konzerttickets, Buchpreise und sogar Reisen ins Haus. Irgendwann (nach einer gewonnenen Florida-Reise) wurde es mir sogar etwas unheimlich damit und ich hörte auf, an Gewinnspielen teilzunehmen, da ich dem Rest der Welt ja auch noch was von den Preisen und Geschenken übrig lassen wollte.

Je älter ich wurde, desto mehr legte ich den Glauben an mich als Gewinnerin ab und ich gewann auch nichts mehr, als ich zwanzig Jahre später zu Testzwecken nochmal bei einem Ge-

winnspiel teilnahm. Ich hatte es wohl verlernt ...
Wie funktionierte das nochmal?

Der erste Preis beim Nauwieser Viertel-Foto-Wettbewerb hat mir dann wieder das magische Geheimnis vor Augen geführt:

Wer mit leuchtenden (Kinder)Augen, absichtslos spielerisch und aus vollem freudigen Herzen in authentischem Sein an sich glaubt, wird immer gewinnen und vom Leben reich beschenkt werden.

Queen for a day

Panama, 2013.

Als ich mich im Rahmen eines Uni-Projekts auf die Reise nach Panama begab, ahnte ich nicht, dass dort eines der Highlights meines Lebens auf mich warten sollte. Ich reiste zusammen mit einem Professor, der aufgrund seiner revolutionären Ideen nicht ganz unumstritten an unserer Uni war, doch ich ließ mich von den Erfahrungsberichten Anderer nicht ins Bockshorn jagen, sondern freute mich, neue Erfahrungen mit neuen Menschen in neuen Ländern machen zu dürfen.

Am ersten Abend wurden wir von der dortigen Uni mit einem Empfang begrüßt und es wurden sogar extra für uns traditionelle Volkstänze in den panamenischen Trachten aufgeführt. Ich bewunderte die hübschen Tänzerinnen, wie sie sich elegant in den farbenfrohen Trachten mit ganz viel Goldbehang und Glitzer im Haar durch den Raum bewegten und eine farbenfrohe Lebens- und Willkommensfreude ausstrahlten. Mein professoraler Begleiter schnappte meinen verträumten Blick auf und meinte ganz beiläufig: „Na, so ein Kleid und Goldbehang im Wert von 40.000 Dollar würde Ihnen wohl auch gefallen, was?" und ich antwortete mit glänzenden Augen: „Ooh, das wäre ein Traum: Queen for a Day!"

Der Abend verlief weiter fröhlich und wir waren schon am Gehen, da kam plötzlich der Chef dieses Cultural Centers auf mich zu und meinte: „Also bezüglich Ihrer Anfrage, wissen Sie, das ist schon ungewöhnlich, normalerweise werden die panamenischen Trachten nur von Panamenierinnen getragen, aber wenn es so ein Herzensanliegen von Ihnen ist, wie wir erfahren haben, würden wir bei Ihnen eine Ausnahme machen. Sie wären damit der erste ausländische Gast, dem wir diese Pracht für einen Abend anvertrauen würden, Sie müssen aber wissen, dass es eine ziemliche Prozedur ist, rechnen Sie ca. 3-4 Stunden für das Anlegen der Kleider und des Goldschmucks. Wir kommen dann am Freitag um 15 Uhr vorbei, dann sind Sie um 20 Uhr bereit für das Abschluss-Dinner." Und schon verschwand er wieder. Mir blieb der Mund offen stehen: „What?? Me??? In solch einem Königinnen-Outfit? Abschlussdinner??" Nun war es zu spät zum Nein sagen, also hinein ins Abenteuer. Es dauerte tatsächlich 4 Stunden, bis ich in sämtliche Korsagen und Untergewänder geschnürt war und gefühlte tausend Nadeln in der Kopfhaut stecken hatte, um das ganze Gold im Haar zu befestigen.

Der folgende Abend war dann wirklich ein Traum. Touristen blieben auf der Straße stehen, um sich mit mir fotografieren zu lassen und für mich war es eine große Ehre, als ausländischer Gast dieses Heiligtum auf meiner Haut spüren zu dürfen. Ich fühle mich seit diesem Moment so sehr im Herzen mit Panama verbunden und wenn ich später meinen lateinamerikanischen Freunden Erinnerungsfotos zeigte, bekamen diese meist Tränen in die Augen und murmelten voller Rührung: „Wow, du bist wahrhaftig eine von uns. Wir haben schon immer gewusst, dass du eine lateinamerikanische Seele hast." Auch mir kommen in diesen Momenten Tränen der Rührung und Verbundenheit.

Hugging my dentist

Saarbrücken, 2016.

Ob ein Aufeinandertreffen von Menschen zu einer wahrhaften Begegnung wird, hängt von der Offenheit und Authentizität der Kommunikation ab. Menschen treffen sich, Seelen begegnen sich.

Als Kind hatte ich immer panische Angst vorm Zahnarzt. Auch als ich älter wurde, verursachte der Gedanke an Bohrer und Spritzen direkt ein mulmiges Gefühl in meiner Magengrube. Ich zwang mich regelrecht, jedes Jahr den Termin für die Vorsorgeuntersuchung auszumachen und mein Zahnarzt lächelte immer freundlich über meine Aufgeregtheit. Nach einer dramafreien Amalgamplomben-Entfernungs-Zeremonie verlieh er mir sogar einmal ein Zertifikat als "tapfere Königin des Tages". Das rosafarbene Dokument, auf das ein hübsches Krönchen aufgedruckt war, verlieh er wohl nur selten an Erwachsene, doch ich freute mich über seinen Humor.

Bei einem meiner letzten Zahnarztbesuche hörte ich plötzlich im Behandlungszimmer nebenan lautes Kinderlachen und Quietschen. Als der Zahnarzt daraufhin zu mir kam, sagte ich: „Sie haben aber Spaß und gute Laune bei der Arbeit", woraufhin er entgegnete: „Ja, die Kinder hatten zuerst Angst vor mir, und am Schluss hat es ihnen so gut gefallen, dass sie mich sogar umarmt haben!"

Ich sagte dann ganz spontan: „Von mir bekommen Sie vielleicht auch eine Umarmung, ich mache das vom Behandlungsergebnis abhängig." Er musste lachen und war dann ziemlich behutsam bei der Behandlung, die ohne größere Schmerzen einherging. Also machte ich – ein bisschen zu seiner Verwunderung – mein Versprechen wahr und nahm ihn bei der Verabschiedung innig in den Arm. Er war total perplex und meinte: "Wow, das hat noch nie ein erwachsener Mensch in meiner Praxis gemacht! Jetzt gehe ich ganz beseelt in die nächste Behandlung!"

Währenddessen stand die Zahnarzthelferin mit offenem Mund daneben und traute ihren Augen nicht. Ich schaute sie an und fragte sie, ob sie ebenfalls eine Umarmung möchte. Immer noch fassungslos trat sie kopfnickend einen

Schritt auf mich zu und dann nahm ich auch sie fest in die Arme…

So schnell kann aus einem „Routine-Termin" eine echte Begegnung werden!

Das Glück zu Füßen

Tasmanien, 2017.

Einfach mal Farbe bekennen und mutig losgehen!

Mir ging es vor einiger Zeit so, dass es noch ein paar graue Flecken und schwarz-weiß-Szenen in meinem Leben gab, da begegneten mir plötzlich in einem kleinen Laden im abgelegenen Tasmanien meine GLÜCKSSCHUHE. Ja, genau, Schuhe können tatsächlich Glück bringen! Es waren pink-farbene Doc Martens und ich verliebte mich auf der Stelle in sie. Ich glaube, es war die Vereinigung von eher maskuliner Form und eher weiblicher Farbe (ja, auch in Schuhen kann man Yin und Yang finden – die Welt ist voller Wunder!), die mich so ansprach. Sie strahlten etwas Rebellisches bei gleichzeitiger Schönheit aus. Gesehen – verliebt – passt!

Eine Weltreise damit gemacht und zahlreiche Flughäfen mit pinkfarbenen Docs an den Füßen passiert, doch mir war kein Weg zu weit und kein Gewicht zu schwer, das neu gefundene

„Glück an den Füßen" überall hin mitzunehmen. In der Urlaubszeit wurden sie zu meinem ständigen Begleiter und wo immer sie mich hintrugen, es kamen tolle Erlebnisse (und begeisterte Menschen!) auf mich zu. Als ich dann wieder zurück in Deutschland war, zögerte ich ganz kurz, ob ich sie wohl auch mit ins Büro nehmen sollte? Was würden die anderen von mir denken, die in High Heels und eleganten Lady-Outfits oder gar im Anzug zur Arbeit gehen? Who cares ... manchmal muss man auch einfach mal Farbe bekennen.

Die anfänglichen Blicke waren zwar etwas verwundert bis leicht geschockt, aber binnen Sekunden war die Begeisterung für meine „Pink Boots" da. Die Menschen spürten sofort die Glücks-Aura meiner Schuhe und gute Laune ist immer vorprogrammiert, wenn ich sie trage. Zu besonders gefürchteten Meetings fragen sogar einige im Vorfeld, ob ich denn bitte in Glücksschuhen erscheinen könne. Und auch für mich selbst haben sie eine zentrale Bedeutung gewonnen, denn ich trage sie tatsächlich zu den meisten Anlässen, an denen ich aus irgendeinem Grund aufgeregt bin oder eine schwierige Entscheidung treffen muss, wo es wirklich darauf ankommt, zu mir zu „stehen".

Mögen mich die Glücksschuhe bei meinen anstehenden Abenteuern gut begleiten, mögen sie bunte Lebensfreude in meinen Alltag bringen und mich zu vielen magischen Orten führen!

Denn, wie heißt es so schön in einem Zitat von Saint-Exupéry, das ich mir mal als Teenagerin auf einen Zettel geschrieben habe, der noch heute in meinem Geldbeutel als Erinnerung zu finden ist:

"Geh nicht nur die glatten Straßen. Gehe Wege, die noch niemand ging, damit du Spuren hinterlässt und nicht nur Staub."

Magischer Flow mit Nena

Saarbrücken, 2017

Alles ist möglich, wenn man Vertrauen ins Leben hat. Dies zeigen meine wundersamen Erlebnisse, die ich vor kurzem bei einem Nena-Konzert erfahren durfte.

Ursprünglich wollte ich mit einer Kollegin hingehen, die jedoch kurz vor dem Konzert feststellte, dass sie Sitzplatztickets für die Ränge an der Seite hatte und kein Stehplatz-Ticket für den großen Innenraum der Halle. Ich war zwar kurz traurig, dass ich sie nicht treffen konnte, dachte dann aber: „Ach, dann werde ich bestimmt jemand anderes Nettes treffen, mit dem ich Spaß beim Konzert haben kann." Vor dem Konzert gab es noch ein paar Minuten Zeit, also schaute ich mich ein bisschen bei den Merchandising-Artikeln um und verliebte mich direkt in ein blau-schwarzes Nena-Shirt. Ich fragte kurz, ob man mit Kreditkarte zahlen kann, da ich nur 25€ Bargeld dabei hatte und ich das Geld für meine Taxifahrt nach Hause brauchte. Der Verkäufer sagte: „Ja, kein Problem" und ich stellte mich in eine lange Schlange. Als ich an der Reihe war, wollte das Kreditkartengerät einfach nicht funktionieren, auch die EC-Karte akzeptierte es nicht. Ich war also kurzerhand vor die Entscheidung gestellt „Shirt mit Bargeld kaufen und ggf. 5 km nachts zu Fuß heimlaufen müssen" oder „sicher heimkommen und kein Souvenir haben". Ich entschied mich dann blitzschnell für das Shirt und dachte, ach ich hab ja noch 5 Euro, da kann ich wenigstens für die ersten zwei Kilometer ein Taxi nehmen.

Danach fiel mein Blick jedoch unmittelbar auf den Getränkestand gegenüber und mein Bauch signalisierte, dass er jetzt total Lust auf ein kühles Bier hätte. Also dachte ich, ach dann investiere ich halt mein letztes Bargeld in ein Getränk, ich werde bestimmt jemanden treffen, der mir Geld für die Rückfahrt leiht. Während ich mich also in die Schlange stelle und noch über meine Gelassenheit und Courage wundere, spüre ich kurz ein Kribbeln wie von einem Blick in meinem Rücken. Ich drehe mich um und tadaa … steht eine ehemalige Arbeitskollegin, die ich schon ganz lange nicht mehr gesehen hatte, plötzlich hinter mir. Ich begrüßte sie wild und leidenschaftlich: „Hey S., das Universum hat dich geschickt. Wie schön, dass du hier bist, Du bist das Geschenk meines Abends!" Sie spürte mein Glück, ließ sich von meiner ausgelassenen Stimmung anstecken, lieh mir Geld für weitere Getränke und Taxi und wir hatten einen super schönen Abend, der in vollem FLOW weiterging. Nena kam z.B. für 3 Songs in die Mitte der Halle und stellte sich genau neben uns (wir hatten also auch unbewusst den besten Platz auserwählt) und durch einen Zufall bekam ich das allererste Taxi nach dem Konzert, obwohl sich mehrere Hundert Menschen auf 10 wartende Taxis stürzten ...

Irgendwie hatte ich das Gefühl, an diesem Abend ALLES richtig gemacht zu haben. Und das Einzige, was ich getan hatte, war auf meine innere Stimme zu hören!

Kein Zufall

Köln, 2017

Ich ging an einem Samstagmorgen durch die lebendige Fußgängerzone von Köln und vertrieb mir etwas die Zeit vor einer Geburtstagsfeier. Inmitten der Menschenmenge rief mich plötzlich ein Hare Krishna Mönch zu sich, er hätte was für mich und streckte mir ein Buch entgegen. Etwas überrascht nahm ich es in die Hand und stellte fest, dass diese indischen Verse für mich viel zu abgefahren waren und ich nichts davon verstand. Also schüttelte ich den Kopf und wollte weitergehen, doch er versuchte es nochmal: „Das ist eine Anleitung zum Glücklichsein!" Ich lächelte und sagte, ich sei im jetzigen Augenblick gerade mega-glücklich. Er kam näher, schaute mir tief in die Augen und sagte: „Stimmt! Das sehe ich. Das Buch ist auch überhaupt nicht für dich bestimmt, sondern deine Aufgabe ist, es jemandem zu überbringen!" Als ich ihn fragend anschaute, meinte er: „Nimm es bitte mit, es kostet ja nichts!", drückte es mir in die Hand und verschwand. Dabei rief er noch „War schön dich kennengelernt zu haben, ich bin übrigens aus

Koblenz!" Ich steckte das Buch in meine Tasche und überlegte kurz, wem ich so etwas Abgefahrenes schenken könne?! Dann ging ich zu der Geburtstagsparty und vergaß das Buch.

Am nächsten Tag und ein paar weiteren Treffen mit Freunden in Köln fuhr ich mit der Bahn zurück nach Hause. Bei meinem Umstieg in Koblenz (!) verpasste ich unerklärlicherweise meinen Zug beim Umsteigen und musste dann weitere 30 Minuten warten. Also kaufte ich mir im Bahnhofsladen eine Zeitschrift, auf der vorne ein Buddha abgebildet war. Dann wartete ich bis der Zug einfuhr und stieg genau dort ein, wo ich stand, setzte mich ohne mich umzuschauen auf den ersten freien Platz und fing an zu lesen. Nach 10 Minuten fragte mich die Dame neben mir: „Entschuldigung, sagen Sie mal, sind Sie Buddhistin? Sie lesen so eine interessante Zeitschrift..." Ich antwortete: „Achso, nein, ich interessiere mich nur dafür ..." Dann schwieg sie und ich las weiter. Nach weiteren 10 Minuten wandte sie sich erneut an mich: „Vielleicht wäre die Zeitschrift ja auch was für mich, wissen Sie, ich interessiere mich auch für solche Themen ... Mit dem Buddhismus habe ich mich noch nicht beschäftigt, momentan lese ich eher die indischen

Meister. Ich bin auch jetzt gerade im Zug auf einer Reise, um einen indischen Meister zu treffen, von dem ich mir Rat erhoffe."

In dem Moment dämmerte es mir: Indischer Meister? Habe ich nicht gerade indische Verse bei mir, die ich an jemand überbringen sollte? Also sagte ich: „Ich glaube, ich habe was für Sie!" und ging an meine Tasche, holte das besagte Buch heraus und überreichte es ihr. Die Übergabe war ein extrem berührender, magischer Moment: Ihre Augen begannen zu leuchten, sie nahm das Buch und sagte: „Danke, das ist genau das, was ich momentan brauche! Und das ist jetzt KEIN Zufall, dass wir uns getroffen haben." Dann umarmten wir uns lange und herzlich. Sie stieg ein paar Minuten später aus und ich blieb mit einer riesengroßen Gänsehaut im Zug sitzen.

Letting go

Berlin, 2018.

Dein Herz ist dein Kompass und du lässt dich einfach mal gehen …

Auch ein Stadtbummel kann zu einer aufregenden Entdeckungstour werden. Es gibt einen Punkt, an dem du ins Fließen, in den Flow, kommst und du leichten Fußes getragen wirst. Ich mache diese aufregende Übung fast immer, wenn ich in einer fremden Stadt unterwegs bin oder eine mir bekannte Stadt mal auf ganz neue Weise kennenlernen möchte. Ich kaufe mir ein Tagesticket für den öffentlichen Nahverkehr, gehe zur nächstgelegenen (!) S-Bahn/U-Bahn/Tram etc. und steige in genau die Bahn ein, die als Nächstes kommt. Egal in welche Richtung sie fährt!

Ich steige ein und mache es mir bequem. Dann höre ich auf mein Bauchgefühl und warte auf den Impuls, wann die Zeit gekommen ist, auszusteigen. Ich döse vor mich hin und plötzlich spüre ich ein „JETZT" in mir. Dann steige ich aus und spüre in mich hinein, ob ich hier nur umsteigen möchte oder ob die Reise noch weitergehen soll. Wenn ich aussteige, lasse ich mich einfach in eine Richtung ziehen und fange an zu laufen. An jeder Kreuzung höre ich kurz in mich hinein und warte, ob ich einen „Abbiegen"- Impuls bekomme oder nicht.

Bei einer T-Kreuzung achte ich ganz genau darauf, welche Seite mir heller, duftender oder irgendwie einladender erscheint. Und oftmals spüre ich es auch an den Füßen, ob die eingeschlagene Richtung die richtige ist. Einmal vernahm ich nach dem Abbiegen plötzlich in meiner Fußbeuge starke Schmerzen. Ich blieb verwundert stehen und ging ein paar Schritte hin und her. Ich konnte es kaum glauben: in die eine Richtung wurde der Schmerz stärker und stärker, in die entgegengesetzte Richtung laufend war der Schmerz wie weggeblasen. Ich dankte dem Universum also für diesen Wegweiser und ließ mich weiter im Großstadtdschungel treiben, neuen Abenteuern und neuen Fotomotiven entgegen.

Manchmal treffe ich auf diesem Weg inspirierende Menschen, manchmal Kraft- und Energieorte, die mich beflügeln (ja das gibt es auch in einer Großstadt!), und manchmal lenkt mich auch anscheinend mein Magen. Bereits drei Mal (!!!) – in Hamburg, in Berlin und in Köln – bin ich auf diese Weise in einer Schokoladenfabrik gelandet :)

Life can be so sweet, if you just "let go"!

BEAT! BEAT! BEAT!

BEAT! BEAT! BEAT!

BEAT! BEAT! BEAT!

BEAT! BEAT! BEAT!

AT! BEAT!

Botschaft für dich

Tatra Mountains, 2018.

Manchmal müssen wir nach der Lösung gar nicht suchen. Sie kommt von selbst zu uns.

Mir ging es z.B. so vor ein paar Jahren, als ich wochenlang über Probleme in einem Projekt nachgrübelte, jedoch vom Hin- und Her-Überlegen zu keiner Lösung kam. Als ich am Karfreitag mit Freunden bei einem klassischen Konzert war, sprach plötzlich die Musik zu mir. Die Worte „Ich habe genug" der gleichnamigen Bach-Kantate flackerten plötzlich bildhaft vor meinem inneren Auge und ich wusste in diesem Moment, es ist Zeit das Projekt zu verlassen!

Die Option, komplett aus dem Projekt auszusteigen, war mir bei den bisherigen Überlegungen gar nicht in den Sinn gekommen. In diesem Blitzlicht-Moment der Bach-Kantate wusste ich jedoch plötzlich in meinem tiefsten Inneren glasklar, dass nun der Moment gekommen ist, auszusteigen. Die Entscheidung traf ich noch in der selbigen Sekunde und ich ging als glücklichster Mensch aus dem Konzert.

Neulich hatte ich ein ähnliches Musik-Erlebnis, wenn auch in einem ganz anderen Kontext. Als ich beim Urlaub in der Hohen Tatra ins Hotel eincheckte wurde live der Song „Nothing else matters" von einem Pianisten und einem Gitarristen in der Hotel-Lobby aufgeführt. Ich freute mich über die schön gespielte Ballade als Begrüßung und ging ins Zimmer. Ein paar Tage später, als ich aus dem Hotel wieder auscheckte, stieg ich in ein Taxi und exakt in dem Moment des Abschieds vom Hotel lief im Radio das Lied „Nothing else matters". Nanu? Gleicher Song beim Einchecken und beim Auschecken? Es gibt doch keine Zufälle! Will mir das Lied vielleicht etwas sagen?

Zum allerersten Mal hörte ich bewusst auf den Liedtext und – wow – es durchzuckte mich direkt bei den Worten: „Life is ours, we live it our way! All these words I don't just say and nothing else matters!" Das war genau die Zusammenfassung meiner Gedanken, die ich während meiner Urlaubstage hatte, als ich mir vornahm ein neues, ungewöhnliches Projekt anzugehen. Bestärkt in meinem Vorhaben verließ ich lächelnd das Taxi und setzte meine Reise fort.

Achte mal genauer auf die Musik, die dir begegnet. Vielleicht hat sie auch für dich eine Botschaft parat? Die Musik kann dir nicht nur im Außen, sondern auch als "Ohrwurm" in deinem Inneren begegnen. Wenn dir zum Beispiel öfters der Song "I want to break free" von Queen im Kopf herum geistert, könnte es sein, dass sich deine Seele gerade von irgendetwas lösen oder befreien möchte…

Im Zauberwald

Merzig, 2019.

Schon immer übten Bäume einen gewissen Zauber auf mich aus. Bei einem schamanischen Walderlebnistag mit Elementen des Naturcoachings habe ich die Magie des Waldes nun am eigenen Leib auch noch viel tiefer spüren und erleben dürfen.

Ich hatte bereits zuvor einige Bäume in meinem Leben umarmt, während meines Studiums Thoreau's „Walden" verschlungen und geliebt, ausgiebige Spaziergänge im Grünen genossen und an einigen Events zum „Waldbaden" teilgenommen.

Die Natur gab mir auch öfters Antworten auf ungelöste Fragen, die ich lange in mir trug. Einmal fragte ich mich beispielsweise, ob ich noch eine nebenberufliche Tätigkeit starten oder ganz bei meinem bisherigen Arbeitsgebiet bleiben sollte. Dann sah ich einen kraftvollen Baum, dessen Äste in ganz verschiedene, auch entgegengesetzte Richtungen wuchsen und ich erkannte, dass ihm die Vielseitigkeit Stärke verlieh. Wäre er nur in eine Richtung gewachsen, wäre er längst nicht so breit aufgestellt und vielleicht sogar bei einem Übergewicht leicht umgefallen.

Und oftmals durfte ich auch einfach die Natur als Spiegel erfahren, der mir im Außen genau das aufzeigte, was in meinem Inneren vor sich ging. Wenn ich verliebt war, zeigte sich auch die Natur von ihrer verliebten Seite. Das waren dann genau die Momente, in denen aus dem Nichts plötzlich putzige Eichhörnchen auftauchten, bunte Schmetterlinge in der unmittelbaren Nähe landeten, Schildkröten das Knuddeln begannen oder Paradiesfische im Fluss einen Liebestanz veranstalteten. Die Natur als Spiegel der Seele – das habe ich nun schon mehrfach staunend erfahren dürfen.

Beim Walderlebnistag durfte ich jedoch noch ein Stück tiefer eintauchen, barfuß die weiche Wald-Erde spüren, bei einer Baum-Meditation im Dialog sein mit einer alten Baumseele und der Verliebtheit der Bäume beiwohnen, wenn sie sich umschlingen, mit den Wurzeln gegenseitig streicheln oder sogar Händchen halten. Die Magie des Zauberwaldes hat meinen Geist & mein Herz an diesem Tag so viel weiter geöffnet und mich sogar zu einer eigenen kleinen Klaviermeditation inspiriert. Ganz zum Seele baumeln lassen und eintauchen, mal die dunklen Wege des Waldes ergründend, mal den zarten Lichtzauber durch die Baumkronen atmend, immer im Vertrauen und in der Geborgenheit des Moments das Leben spürend.

Voller Dankbarkeit gehe ich seitdem meinen (Wald-)Weg weiter, mit wunderbaren Zauberwesen an meiner Seite und bin zutiefst inspiriert, die Magie des Waldes bei gemeinsamen Barfuß-Spaziergängen, Silent Walks und ähnlichen Events weiter zu erkunden.

Natur-Kommunikation ist einfach besser als jede Fernseh-Unterhaltung!

Firsty-Erlebnis auf der Waldbühne

Saarbrücken, 2019.

Einfach mal etwas ausprobieren, das man vorher noch nie in seinem Leben gemacht hat - das war das Motto eines sogenannten „Firsty-Projekts", das meine Freundin zu Beginn des Jahres gestartet hatte und in dessen Rahmen ich so verrückte Dinge tat, wie mich z.B. mit Klamotten in eine Badewanne zu begeben oder einfach mal mitten in der Fußgängerzone auf den Boden zu legen (mir hatte mal eine Schauspielerin erzählt, dass die Fußgänger eine „querliegende" Person als „Blockade im Weg" empfinden würden, jedoch eine „längsliegende" Person in Gehrichtung als „performatives Element" wahrnehmen würden). Ziel der „Firsties" ist es, spielerisch seine Komfortzone zu dehnen und mit viel Freude am Leben immer mutiger und mutiger zu werden und auch mal verrückte Dinge zu tun, die abseits des alltäglichen Trotts liegen, die die Menschen aufwecken und zum Nachdenken anregen.

Um mich auch von anderen inspirieren zu lassen, nahm ich eines Tages an einem Workshop mit dem schönen Titel „Mutausbruch" teil. Ich hatte keine Ahnung, dass mich die Magie des Lebens an diesem Abend in Kontakt mit einer Theaterregisseurin bringen würde, die meinen Mutmuskel einige Zeit später noch sehr viel stärker trainieren würde. Ein paar Monate später kontaktierte sie mich nämlich und fragte, ob ich mir vorstellen könne, in ihrem Theaterstück „Learning by Doing" mitzumachen – und das ausgerechnet nachdem ich ein paar Tage vorher eine kraftvolle Vision von meinem zukünftigen Selbst auf einer Bühne hatte – how magic is that?!?

Und so kam es, dass ich tatsächlich in einer abgefahrenen Theaterproduktion, die an verschiedenen Orten im Wald spielte, eine Szene auf meiner ganz persönlichen „Waldbühne" auf dem Klavier spielen durfte: dabei ganz ich selbst sein, ein magisches und lebensveränderndes Klavierstück spielen und die Zuschauer an meinen magischen Erkenntnissen im Leben teilhaben lassen ...

Diese „magical mystery tour", wie die Produktion in einem Zeitungsartikel genannt wurde, hat mein Leben so sehr bereichert, sie hat mich im genau richtigen Moment mit den genau richtigen Menschen zusammengebracht und ich bin zutiefst dankbar für dieses „Firsty"-Theater-Erleben!

Danke an die Regisseurin und danke, Leben!

Von guten Mächten wunderbar geborgen

Blieskastel, 2019

"Von guten Mächten wunderbar geborgen, erwarten wir getrost, was kommen mag. Gott ist mit uns am Abend und am Morgen und ganz gewiss an jedem neuen Tag."

Dieses berühmte Zitat von Bonhoeffer sollte in meinem Leben seine ganz eigene Magie entfalten.

Es war letzten Donnerstag, den 14. März 2019, als ich mit meiner Mutter telefonierte und sie mir sagte, dass sie ein neues Lieblingslied habe, dass sie den ganzen Tag rauf und runter höre. „Von guten Mächten wunderbar geborgen", in der Version von Siegfried Fietz und ich solle mir das auf jeden Fall notieren und anschauen, es sei einfach wunderbar. Meine handschriftliche Notiz davon liegt heute noch auf meinem Schreibtisch. Es war unser letztes Gespräch, am nächsten Morgen erfuhr ich von ihrem plötzlichen Tod.

Im ersten Moment Schock und Trauer – wo waren sie geblieben, die guten Mächte? Im Nachhinein fand ich heraus, dass dieses Lied oft bei Beerdigungen gespielt wird. Hatte sie denn in den Tagen zuvor eine Vorahnung?

Wie dem auch sei, ich wusste somit direkt, welchen Text ich in der Todesanzeige und im Trauergottesdienst als Geleitwort verwenden würde und auch inhaltlich wurde mir klar, dass auch ich tatsächlich von „guten Mächten" Unterstützung gehabt haben muss. Ursprünglich wäre ich nämlich zum Zeitpunkt ihres Todes in Australien in Urlaub gewesen, doch aufgrund einer fiebrigen Grippe konnte ich nicht fliegen. Auch bei der Frage, ob ich nicht eine Woche später nachkommen wolle, hörte ich auf meine innere Stimme, die mir ganz klar sagte: Bleib hier, aus irgendeinem Grund sollst du jetzt hier sein ... Irgendwie spürte ich, dass anstatt einer Reise ans andere Ende der Welt nun eine Reise nach innen für mich anstand.

Wow, wie ich schon länger weiß, gibt es keine Zufälle und ich habe es nun noch einmal mehr - und mit tiefer Dankbarkeit - spüren dürfen, dass wir stets der inneren Stimme und damit den guten Mächten vertrauen dürfen.

Dann entfaltet sich auf wundersame Weise die Magie des Lebens – auch im Angesicht des Todes.

Quarantäne als Tor zur Freiheit

Melbourne, 2020.

Im Paradoxon wohnen die Möglichkeiten.

Zu Beginn der Corona-Pandemie war ich durch zufällige Umstände eine der ersten Personen weltweit, die in Quarantäne musste. Als ich Mitte März 2020 in mein Flugzeug nach Australien stieg, war die Quarantäne noch nicht erfunden. Als ich 36h später an meinem Ursprungsziel ankam, war sie mittlerweile in diesem Bundesstaat eingeführt und ich musste mich schnurstracks für 14 Tage in Isolation begeben.

Für mich war es eine sehr spannende und intensive Zeit, die mich gefühlt viel mehr in die (innere) Freiheit brachte, als mich der (äußeren) Freiheit beraubte. Zunächst nutzte ich die Quarantäne-Zeit in Australien für eine ganz achtsame Betrachtung jedes Grashalms, jedes Käfers und jeder Blüte im Garten meines Schwiegervaters. Noch nie zuvor hatte ich den Duft der Rosen so intensiv wahrgenommen. Noch nie zuvor hatte ich den Zitronen am Baum beim Wachsen zugesehen. Da liegt wahre Magie in der Entfaltung der Natur. Ich wurde kreativ und bastelte einen „Quarantäne-Kalender", jeden Tag ein Natur-Foto, jedes wundervoller und magischer als das andere. So viele Likes hatte ich noch nie auf meinem Facebook-Profil. War mir vorher nie die Magie von Krabbeltieren und Grashalmen aufgefallen? Ein ganz neuer Mikro-Kosmos offenbarte sich mir.

Auch dieses mit Familienmitgliedern enge Zusammengepferchtsein ohne Möglichkeit das Grundstück zu verlassen, geschweige denn das Land verlassen zu können (meine Rückflüge wurden immer wieder gecancelt) war Nährboden für eine magische Transformation in mir. Während ich Konflikten früher immer aus dem Weg ging, durfte ich mich nun dabei erleben, wie ich zum ersten Mal emotional wurde und selbst laut schrie! Zum ersten Mal im Leben seine eigene Stimme in dieser Lautstärke zu hören, da liegt wahre Magie drin. Zum ersten Mal lernen, Nein zu sagen und diesem inneren unaufhaltsamen Pochen der Selbstbestimmtheit nachzugehen und seine eigenen Bedürfnisse zu artikulieren. Wow, da öffneten sich so viele Tore und ich konnte meine innere Stimme auf einmal richtig gut wahrnehmen. War sie doch sonst eher leise & versteckt und ich mit meinen Gedanken und meinem Tun im Außen beschäftigt.

Ebenso durfte ich das Alleinsein nach meiner Rückkehr nach Deutschland (mit weiteren 14 Tagen Quarantäne) als ganz magisch erleben. Ich nutzte die Isolationszeit als eine wundervolle „Selbsterfahrungszeit", um in mich zu gehen, mich dem eigenen Körper & Mindset zu widmen und tiefe Heilungsprozesse anzustoßen.

Mein persönliches Fazit: Die Quarantäne hat mir den Weg zu inneren Frei-Räumen eröffnet und mir durch diesen Perspektivwechsel gleichzeitig aufgezeigt, wo ich mich im Leben noch unfrei und verstrickt fühle. Für mich war sie daher ein ganz unverhoffter Katalysator auf meinem Weg in die Freiheit.

This is your Captain speaking

Berlin, 2021.

„Leinen los", sagt die innere Stimme in mir … und ich spüre, es ist mein innerer Kapitän, der mir das Startsignal gibt, zu neuen Ufern aufzubrechen.

Schon seit Ende des letzten Jahres fühlte ich eine gewaltige Aufbruchstimmung in mir. Die Lust nach vorne zu gehen, weiterzugehen, zu entdecken, zu leben. Ich wusste gar nicht, wohin mit dieser Sturm & Drang – Energie und wie mit ihr umgehen. Nach einem Coaching ist mir klar geworden, dass ich erstmal mein HIN ZU näher definieren darf, bevor ich einfach wild drauf los trabe. Also habe ich einen lazy & cosy Saturday Ende Dezember dazu genutzt, in mich zu spüren und mein inneres Navi klar(er) auszurichten. Ich spürte, dass es nach über 40 Jahren an der Zeit ist, meinen Geburtsort Saarbrücken zu verlassen und mich auf den Weg Richtung Norden zu machen.

Meine erste Anlaufstelle wird Münster sein,

wo ich eine Tätigkeit am "Wandelwerk" beginnen werde, um den Wandel in der Welt im hochschulischen Bereich zu unterstützen. Ich freue mich darauf, wieder verstärkt international zu arbeiten und interkulturelle Begegnungen erleben zu dürfen. Ich habe nicht nach dieser Stelle gesucht, ich habe sie zufällig um 6 Uhr morgens in einem Newsletter gesehen und wusste, sie ist für mich bestimmt. Ich habe auch nur diese einzige Bewerbung geschrieben und es hat geklappt. Der Stimme meines inneren Kapitäns zu lauschen ist so viel effektiver als Bewerbungen aufs Geratewohl zu schreiben.

Es war übrigens ein Graffiti mit Käptn-Motiv an einer Brücke, welches mir im Winter im magischen Berlin begegnet ist, das mir noch einmal bewusst gemacht hat, dass es nicht darum geht, das Leben einfach auf "Autopilot" zu leben, sondern dass jeder Kapitän seines eigenen Schiffes ist.

Natürlich erfordert es Mut, Kraft und Klarheit, nicht nur dauernd NEUES entstehen zu lassen, sondern auch ALTES abzuschließen und gehen zu lassen. Tatsächlich mal Entscheidungen selbst zu treffen und das Leben aktiv zu gestalten, anstatt nur vom Zufall gelebt zu werden.

Habe ich ein klares Ziel vor Augen? Nein, das habe ich nicht. Es ist eine Richtung. Eine Richtung, die durch Werte definiert ist, die ich in meinem Leben erfahren möchte: FREIHEIT, WAHRHAFTIGKEIT und MAGIE. Mit Menschen an meiner Seite, die diese Werte teilen.

In diesem Sinne: Möge das Herz mein Kompass sein, Leinen los und freie Fahrt voraus!

Sonja Mikeska

Sonja Mikeska widmet sich neben ihrer Tätigkeit im Qualitätsmanagement an Hochschulen in besonderer Weise der Qualität des Lebens und schreibt auf story.one und in ihrem Blog (www.magicinyourlife.de) über die Wunder, die das tägliche Leben bereithält. Nach Weiterbildungen zur „Magierin des Lebens" (Jan Becker) und zum „Inspirationscoach (online)" (Christina & Walter Hommelsheim) bietet sie nun auch Coachings und Workshops an, um andere Menschen zu ermutigen, den magischen Flow in ihr eigenes Leben einzuladen (https://sonjamikeska.de).

Sonja Mikeska schreibt auf
www.story.one

Faszination Buch neu erfunden

Viele Menschen hegen den geheimen Wunsch, einmal ihr eigenes Buch zu veröffentlichen. Bisher konnten sich nur wenige Auserwählte diesen Traum erfüllen. Gerade mal 1 Million Autoren gibt es heute – das sind nur 0,0013% der Weltbevölkerung.

Wie publiziert man ein eigenes story.one Buch? Alles, was benötigt wird, ist ein (kostenloser) Account auf story.one. Ein Buch besteht aus zumindest 12 Geschichten, die auf story.one veröffentlicht und dann mit wenigen Clicks angeordnet werden. Und durch eine individuelle ISBN kann jedes Buch dann weltweit bestellt werden.

Jede lange Reise beginnt mit dem ersten Schritt – und dein Buch mit einer ersten Story.

Wo aus Geschichten Bücher werden.

#storyone #livetotell